浅田真央　また、この場所で

今の気持ち

現役引退を発表してから、１年がたちました。
私は今でも、引退会見の日に見た
〝空〟が忘れられません。

会見が終わり、会場を後にしようと
外に出た瞬間、ふと顔を上げたら、
雲ひとつない、澄みきった青空が広がっていました。
そしてそこに、満開の桜が鮮やかに咲き誇っていたんです。

まるで神様が、「おつかれさま。また、これからだね」と
私の門出を祝福してくれているように感じられて……
「自分も頑張ってきたんだな」と心の底から思えましたし、
「また新しいステージへと進んでいくんだ！」と
晴れ晴れとした気持ちになれました。

現役を引退してからは少し迷ったり、
悩んだりすることもあったけど、
もう一度スケート靴を履き直した今は
生まれたてほやほやのような、まっさらな気持ちでいます。
新たな目標に向かって、一日一日を一生懸命に
楽しく、そして大切に過ごしています。

今、改めてあの日の〝空〟を思い出しています。
あのときの晴れ晴れとした気持ちを忘れず、
これから、〝第二の人生〟を歩み始めていきたいです。

迷い、悩んだ半年間

選手生活を終えてからの半年間はものすごく悩み抜きました。

昨年4月に引退を発表した後、私の気持ちはすべて、自分のなかで
集大成として位置付けてきた「THE ICE 2017」に向かっていました。
「このアイスショーですべてを出しきったら、スケートに『さよなら』を言おう」
「応援してくださった方々に、今の自分の精一杯の滑りを見てもらおう」
その一心で自分のもてるものをすべて表現できるよう、やりきりました。
その結果、幼い頃からずっと一緒に滑ってきた仲間たちと
これ以上のものはない素敵なアイスショーを作り上げることができました。

「自分のスケート人生に悔いはない」と心からそう思いました。
大好きだからこそ、中途半端な気持ちではスケートと向き合えません。
「もう、これでスケート靴を脱ごう。スケートと距離を置こう」と決心しました。

でも……

「THE ICE 2017」が終わってからは
心ここにあらずの状態が続きました。
5歳から22年間、毎日毎日スケートをやっていたのに、
いざ、それが一気に途切れてしまうと……本当につらかったです。
スケートの練習がなくなってからは家にこもる時間が増えました。
暗闇のなかにひとりで取り残されたような、ぼーっと冬眠しているような感覚で。
まるで、心にぽっかりと穴があいたようでした。

時間はたっぷりあるのに、何もする気になれません。
何かしなきゃいけないとは思うけど、何がしたいのか、何ができるのか、
何をすべきなのか、まったくわかりませんでした。
好きなことをしようと思っても、何も思いつきません。
もやもやとした気持ちだけが膨らんでいったのです。

もう一度、スケートと向き合う覚悟

何度も何度も、自分に問いかける日々が続きました。
「スケートから離れよう」「何か新しいことを始めよう」と思えば思うほど、
だんだんとスケートが恋しくなってきて……

「体が動く今しか、スケートを滑ることはできないかもしれない」

「あとで滑りたくなっても、そのときには遅いかもしれない」

そんな考えが頭をよぎり、もう、いてもたってもいられなくなりました。


「自分にはやっぱりスケートしかないんだ」

そう、思い至りました。

ようやく、自分の正直な気持ちと向き合えた瞬間でした。

スケート靴をもう一度履き直すことは、私にとって大きな決断でした。

「みんながいいときを知っているからこそ、中途半端なものはお見せできない」
「自分の精一杯のことをやらなければ、お客さんは満足させられない」
「そのためには毎日ちゃんと練習しないといけない」
「スケートにすべてを注がなくてはいけない」
「中途半端な気持ちでスケートと向き合うことはできない」

そんな葛藤が頭のなかでもやもやと繰り広げられたこともあったけど、
再びスケートと向き合う覚悟が決まってからは、もうスタートを切るだけでした。

今、日々の生活のなかでいちばん意識しているのは、
スケートを大切に想うこと。
現役を引退してから、そのことを改めて噛み締めています。
わかっていたつもりでした。でも、離れてみて初めてわかったんです。

スケートへの想い

スケートに対する想いは……変わらないです。大好きです。
嫌いになることも今までに何度も何度もあったし、
もう、「さよならしよう」と思ったことも何度も何度もありました。
でも、でも……やっぱり好きなんですよね。大好きなんです。

だから、あんなに嫌いになったり、「さよならしよう」と思ってしまったりして、
本当にスケートに対して申し訳ない気持ちでいっぱいです。
ここまで自分を成長させてくれたスケートにそんなことを思うなんて……
スケート靴を捨てようとしていた自分が残念でなりません。

私は5歳から22年間、自分の人生すべてをスケートに捧げてきました。
スケートとともに歩んできて、スケートに教えてもらったことがたくさんあります。
今は、ただただスケートが滑れることに感謝の気持ちでいっぱいです。

一生懸命、真剣に

これからは機会があれば、いろいろなところへ行って
子供たちにスケートを滑る喜びを教えたいと思っています。

もちろん、子供たちにはスケートの楽しさを感じてほしいです。
でも、だからといって、ただ楽しければいいというものでもないと考えています。

いちばん大切なのは、「一生懸命、真剣に教えること」。
本気で向き合えば、その姿勢が子供たちにも絶対に伝わるはず。
「こんなもんでいいんじゃない？」と思いながらやってしまったら、
それが伝わってしまう。そういうものだと思うんです。

だから、私は子供たちに全力で教えたい、といつも心掛けています。
ビシバシというわけではないけど、一生懸命、真剣に。
その姿勢が伝わるように子供たちと向き合っていきたいです。

YONEX

２０１５年、春。現役を続行するか、引退するかで迷っていた
〝ハーフハーフ〟の時期に、私は福島県川俣町山木屋地区を訪れました。
当時は東京電力福島第一原発事故の影響で避難区域に指定されていて、
「田んぼリンク」は閉鎖されていました。
人通りや車通りは少なく、除染されたものを運ぶトラックばかりが往復していて、
ここは人が住んでいないだろうな、という雰囲気でした。

今回、３年ぶりに山木屋地区を訪れて、
念願だった「田んぼリンク」で滑ることができました。
印象的だったのは、３年前に比べて笑顔が増えていたこと。
皆さん、本当に素敵な笑顔をされていました。
大変な被害に遭われても、それでも精一杯前を向いて
いろいろなことを乗り越えてきたんだな、と感じられる笑顔でした。
人も車もたくさん通っていて、除染されたものも少しずつ減っていき、
だんだんと日常の生活へ戻っていっているんだろうな、と感じました。

23.5
OGK

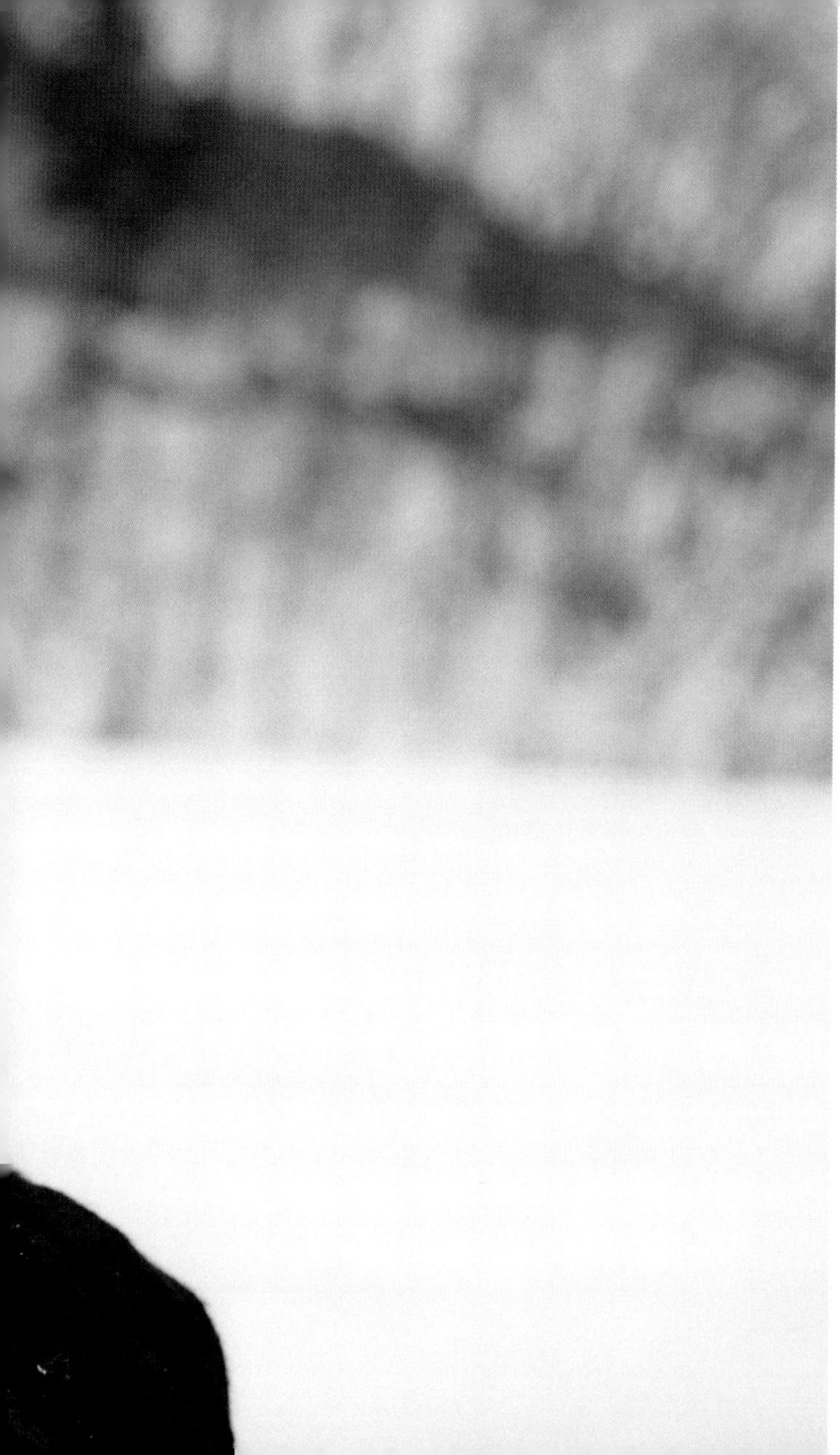

福島の未来

「田んぼリンク」のすぐそばには、山木屋小中学校があります。

今年4月に開校した、丘の上の素敵な学校です。


「子供たちが戻ってくるのが、すごく楽しみでワクワクしている」

そうやって嬉しそうに話してくれた校長先生の笑顔が忘れられません。

校長先生には、きっと明るい未来が見えているんでしょうね。

ジャングルジムも、うんていも新しくなったし、
子供たちには、この校庭で思う存分、元気いっぱい遊んでほしいです。
早くたくさんの子供たちの笑顔が見られるといいな。

目標をもつこと。あきらめないこと

これまでずっとスケートをやってきたなかで、
私がいちばん心に留めてきたことは、目標をもつこと。
子供たちには、とにかく目標をもってほしいです。
私自身、目標をもつことが自分の原動力になっています。
どんな目標でもいいんです。
小さなきっかけが、大きな道を切りひらいていきますから。

それともうひとつ、子供たちに伝えたいことがあります。
私はずっと、あきらめない気持ちだけをもって前に進んできました。
たとえ、くじけそうなときでも、あきらめなかったことで強くなれました。
これからの人生も同じだと思っています。
だから、子供たちにも、あきらめずに夢や目標へ向かっていってほしいです。

現役引退直後の半年間は目標が見つからず、本当にあせりました。
何かやらなきゃいけないけど、何をしていいのかわからない。
やるべきことがなくなったときのつらさを、初めて味わいました。
でも、たぶんそういった葛藤は誰しも抱えていることですよね。
みんな、それぞれ悩みをもっているはずですから。

そういうときは無理してあせる必要もないし、考え込む必要もないと思います。
時間が解決してくれます。
でも、ただじっとしているだけではダメ。
自分から動きださなければ、何も始まりません。
現役引退後の半年間を乗り越えて、本当にそう感じています。

私の場合、スケートに対する想いがあふれだし、もう一度スケート靴を履き直してリンクに立ったら、すべてがうまく前に進み始めました。

家に閉じこもって考えている時間ももちろん大切だったかもしれないけど、そこにずっといたんじゃ何も始まらない。自分から動きださないと。

体を動かしてみたら、自然と心も変わっていきました。


自分の好きなことだったり、少しでも興味があることにとりあえず打ち込んでみる。

そうすると、暗闇から抜け出せるというか、霧が晴れていくように気持ちもどんどん前向きになっていくはず。


やりたいことって、自分のなかにずっとあるものだと思うんです。

もちろん急に浮かんでくることもあるけれど、それはきっと頭の片隅にあったり、心の奥底に眠っていたりするもの。

だから、まずは自分の心とまっすぐ向き合ってみることが大切だと思います。

「Mao Thanks Tour」

〝第二のスケート人生〟の最初のプロジェクトとして、
私が自分でプロデュースする「Mao Thanks Tour」。
コンセプトは、「今まで応援してくれた方々への感謝を込めて、自ら全国を周り、
今まで滑ってきたプログラムを仲間たちと繋いでいくアイスショー」です。

オープニング「This little light of mine」は
「何も見えない暗闇に希望が見え、光の道へ進んでいく」という構想にしました。
この曲を聴いているうちに、これは自分と重なってるな、と感じました。
特にストーリーはないんですが、なんとなくその曲調が
「暗闇のなかから少しずつ光が差し込んできて、それをさらに輝かせよう！」
というイメージに感じられ、今の自分とぴったり重なったんです。
現役を引退したあとに迷い悩む時期がなかったら、
こういう気持ちは生まれていなかったと思います。

現役当時と引退後で、曲の解釈は一曲一曲ぜんぜん違います。
だから、衣装も振り付けも、当時とは違うものにアレンジしているんです。
例えば、当時は紫の衣装を選んだけど、今回は白と赤の衣装に変えてみたり。
それから、自分の好きな振り付けを別の曲に入れ込んでみたり。

今は本当に自由なんです！
自分がやりたいことをなんでもとりあえずやってみることができます。
引退して、もう一度スケートを始めてみたら、
現役のときにやり残してきたことがいっぱいあるな、と気付かされました。
もちろん自分で振り付けをするのはすごく難しいし、
最初はわけがわからなくてパンクしそうだったけど……
今は本当にスケートの楽しさ、奥深さを改めて実感しています。

現役時代はいろんなジャンルの曲を滑れる
スケーターになりたくてずっとチャレンジし続けてきました。
その挑戦があったからこそ、
自分が滑ってきたプログラムのメドレーでひとつのショーを作り上げる、
今までなかった、まったく新しいカタチのアイスショーが実現できたと思います。
これまでやってきたことは間違っていなかったし、
これまでやってきたことがあるからこそ、今の私があると感じています。

「勝った、負けたではなく、氷の上で生き様を見せる」
これは母の言葉です。

自分は今まで、人生のすべてをスケートに捧げてきました。「Mao Thanks Tour」は、私のスケート人生を凝縮したアイスショーです。大げさですけど、自分が生きてきた、歩んできた道そのもの。アイスショーというカタチで、真央の生き様を皆さんに見てもらえるのは、本当に幸せなことだと思っています。

今はとにかく、「Mao Thanks Tour」を成功させたいと思っています。
それが終わったら、また何か新しい目標が生まれるはず。
その先の具体的なことは、今はまだ描けていないけど、
その都度、自分のできる精一杯のことをやっていけたらなと思っています。

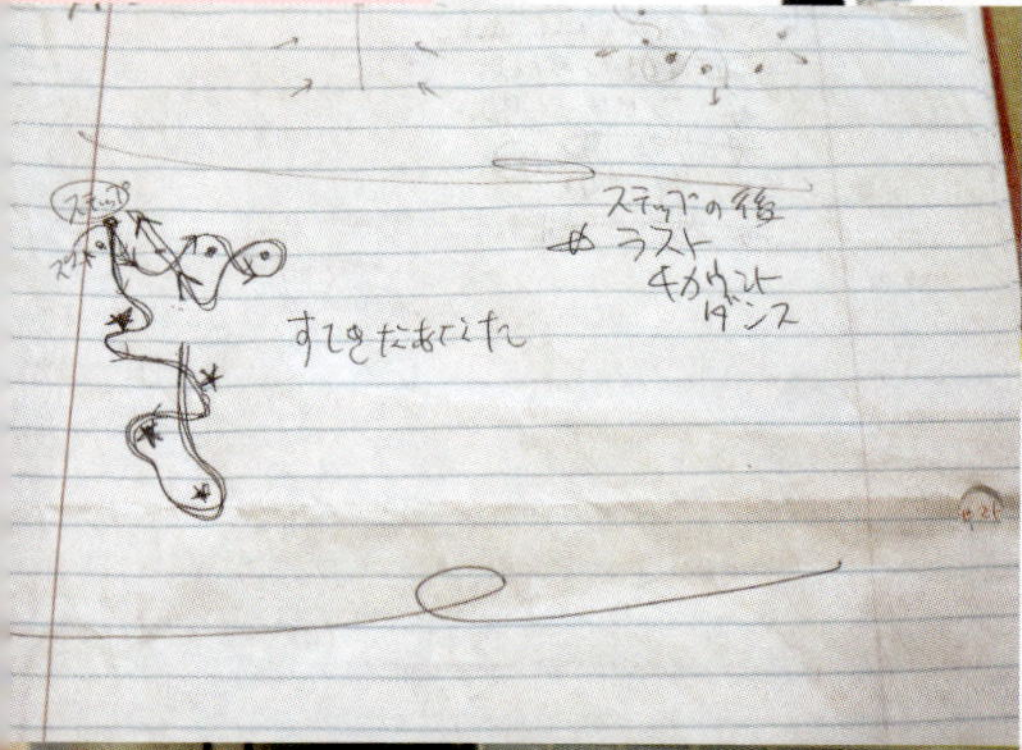
ステップの後
ラスト
4カウント
ダンス

姉・舞の支え

アイスショーをやると決めたものの、どこかに不安があって……

私は心配症でプレッシャーをすごく感じるタイプなので、

「本当にショーができるのかな」「お客さんはたくさん見にきてくれるのかな」とものすごく不安になってしまいました。

そんなとき、ふと舞に聞いてみたんです。

「舞も手伝ってくれる？」って。

そうしたら、その場で舞が

「手伝えるし、手伝いたいよ！　私も滑れるからね」って言ってくれて。

そのひと言が私の背中を押してくれました。
嬉しかったし、なんだか安心しました。
舞が一緒にいてくれて、本当に本当に心強いです。

アイスショーに限らず、
これからはもっともっと
ふたりでいろんなことをしていきたいと
思っています。
そして、どんなときもお互いを支え合い、
助け合っていきたいです。

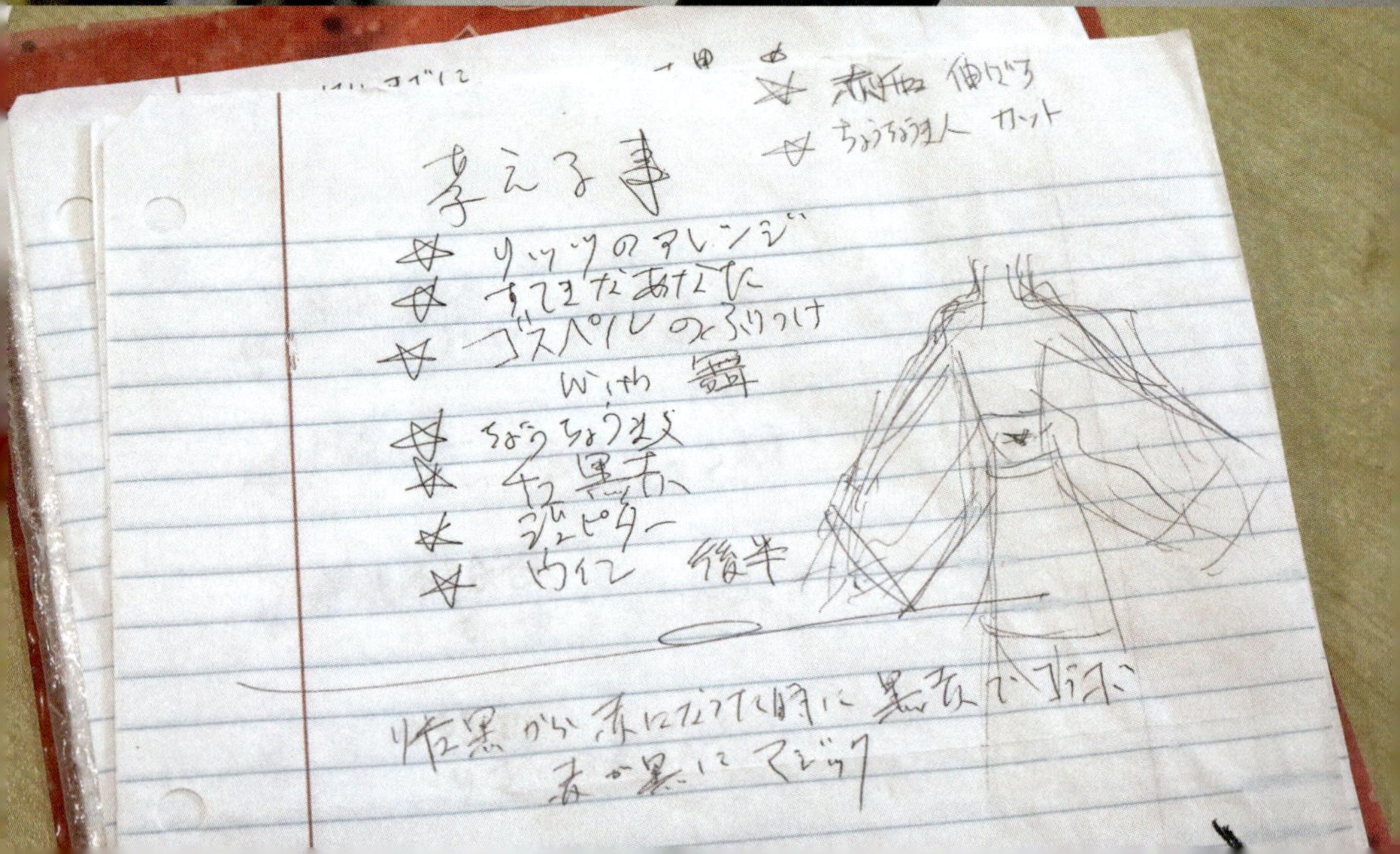
考える事
リッツのアレンジ
すてきなあなた
ゴスペルのふりつけ
with 舞
ちょうちょう夫人
ジュピター
後半
ちょうちょう夫人 カット
赤が黒にマジック

フィギュアスケートの試合はやらなきゃいけないことが決められています。
ジャンプをいくつ入れなきゃいけないとか。
レベルを取るためにスピンのポジションが汚くてもそこでやらなきゃいけないとか。
アスリートとしての楽しさは、なんといってもチャレンジすることだと思います。
私はどちらかというと、大技に挑戦してきた選手でした。
試合特有のプレッシャーのなかでトリプルアクセルを成功させたときの
達成感は何ものにも代えがたいほど、素晴らしいものでした。

競技から離れても、私はスケートを通じて、チャレンジし続けています。
仲間たちと一緒にアイスショーを作り上げていくことも、
私にとってのチャレンジなんです。

〝第二のスケート人生〟はこれから先、きっと長く続いていくと思います。
本当に自分の好きなこと、やりたいと思えることをしていきたいし、
そのなかでお客さんに楽しんでもらえるような滑りを披露していきたいです。

これからはアスリートとしてスケートに向き合うのではなく、
ひとりの表現者としてスケートに向き合っていきます。

自分は何かに挑戦することが好きだし、
挑戦することに楽しさを見出しているんだと思います。
たとえ、その挑戦が失敗したとしても、チャレンジすれば悔いはありません。
「あのとき、こうしておけば……」と後悔しても遅いんです。
だから、誰がなんと言おうと、私はこれからも挑戦し続けます!!
やっぱり、自分のスケート人生。後悔したくはありませんから。

大須仁王門通
大
須
Welcome
환영 欢迎
N-1
車両進入禁止
午前11時～午後10時
青柳総本家
珈琲とカレーの店
Coffee

原点

遠征や地方の仕事から帰ってきて、名古屋の駅に着くとほっとします。
空気なのか、水なのか、なんだかすごく落ち着くんです。
やっぱり、心も体もいちばんリラックスできるのがこの街ですね。

名古屋は自分が生まれ育った場所なので、いろいろなところに思い出があります。
よくエアロと散歩した坂道だったり、
小さい頃に階段トレーニングをしていたお寺だったり。
大須商店街を歩けば、母と舞と一緒に
おせんべいを食べたり、わたあめを作ったりした記憶が蘇ってきます。

そして、私のスケート人生の原点とも言えるのが、大須のスケートリンク。
実は今また、ここで練習をしているんです。ほかのリンクとはやっぱり違います。
懐かしいし、安心できるし、いつまでたっても私のホームリンクなんです。

Skate & Art Studio
名古屋スポーツセンター
年中無休
オールシーズンスケートOK!
スケートリンク

株式会社 三機
三ツ矢サイダー

そういえば、自分がずっと使っていた
ロッカーがまだ残っていて、
いまだにお気に入りのシールが貼ってあ
りました。
スケートを始めたばかりの初々しい気持
ちを思い出しながら、
これからも心の底からスケートを楽しん
でいけたら幸せだなって思います。

バランスよく食べて、心と体を整える

とにかく食べることが大好きです。もしかしたら、スケートより好きかも（笑）。
食べてるときがいちばん幸せを感じる瞬間ですね。

食への考え方が変わってきたのは20歳くらいから。
現役の選手として体を酷使しているからこそ、体の負担になることは
あまりしたくないな、と思うようになったのがきっかけです。
それまでは、好きなものを好きなだけ食べていました。
小さい頃は生野菜も生魚も苦手だったし、とにかく好き嫌いが多かったんです。

自分の体は食べるものからできています。
だからこそ、バランスよく食べることを意識しています。
体にいいものを食べると、なんだか心も安らかになる気がするんです。
バランスよく食べることで、心と体のバランスも保たれているのかもしれません。
私は常に自然体でいたいので、ナチュラルなものを摂るように心掛けています。

大須
大須

精一杯、今を生ききる

〝第二の人生〟のテーマは、
「何事も、とにかく精一杯やりきること」。

私、「頑張る」っていう言葉が好きではないんです。
なんとなく、「無理してやる」という感じがしてしまって。
「自分のできることをしっかりやりきる」という意味で、
「精一杯」という言葉をよく使っています。

これまでのスケート人生、私は自分ができることを精一杯やりきってきました。
これから先も、その気持ちは変わりません。

地球一周の船旅

生きていれば何かしらの変化や転機って絶対に訪れるものだと思うんです。
先のことは本当にわかりませんよね。
だから、そのとき、そのときを精一杯、生ききるしかないんだと思います。
何が起きるかわからないからこそ、やりたいことは今やらなきゃいけません。
悔いを残さないためにも、とにかく精一杯、今を全力で生ききりたいです。

理想の女性像

なんでも全力で生き生きしている人を見ると素敵だな、と思います。
母がそういう人でした。私の理想の女性です。
そんな母を見てきたから、自分も精一杯やらなきゃと思うのかもしれません。
母にはいつも、「何か人のためになることをやってほしい」と言われていました。
「これだけたくさんの方々に応援してもらったんだから、
将来はみんなを幸せにしてあげられるような何かをしてほしい」って。

もう一度スケートを滑れるのもありがたいことですし、
今こうしてアイスショーをやらせてもらえるのもすごくありがたいこと。
本当にすべてに感謝、感謝です。
スケートにも、応援してくださった方々にも感謝の気持ちしかありません。

それから、母にはこんなことも言われていました。
「どれだけ疲れていても、真央のスケートを見ると元気が出るの」

私が今できることは、やっぱりスケートを滑ること。
まだ私のスケートを見たことがない人は日本中にたくさんいると思います。
これから、もっともっと恩返しできるように心を込めて滑っていきたいです。

これからの人生

私のこれまでの人生をひと言でいえば、ジェットコースターみたいな人生でした。
山あり谷あり、ぐるぐるしてましたね。
今まではとにかく速いスピードで突っ走ってきたけど、
これからは自分のペースで深呼吸しながら進んでいきたいです。
自転車をゆっくりゆっくり漕ぐような、そんなペースで。

これから始まる〝第二の人生〟はきっと長くなると思うんですが、
〝第二の人生〟でやってみたいことも、すでに頭の片隅にあるんです。
憧れているのは、電気もガスもないようなナチュラル・ライフ。
自分で畑を耕して、すべてを解放させた生活を送ってみたいです。
これが究極の贅沢かもしれません。今の生活ではできないけど、
おばあちゃんになったら、素敵なガーデニングをやりながら、
お米やお野菜を作って山のなかで穏やかに暮らせたら幸せですね。

幸せ

今は本当に幸せです。生まれたてほやほやみたいな気分。
滑っていてワクワクするし、滑ることそのものを楽しめています。
誰かの意見に従うのではなく、
心の底から本当にやりたいこととしてあふれでてくるんです。

もちろん、生きていればつらいこともたくさんあります。
みんなそうだと思うんです。
自分だけつらいんじゃなくて、
みんなそれぞれ、つらいことを乗り越えてきていますよね。
だから、私だけがつらいんじゃないと思えば、
不思議と心を強く保てるような気がします。

みんなで支え合って助け合っていけば、
どんなことでも、きっと乗り越えていけると信じています。

2018年3月11日、地元・名古屋の青空
（撮影：浅田真央）

2017年4月12日、引退会見後に見た桜と青空
（撮影：浅田真央）

浅田真央
川島小鳥

デザイン：佐々木暁
プリンティングディレクター：井上優（凸版印刷株式会社）
協力：福島県川俣町山木屋地区の皆様
名古屋スポーツセンターの皆様
大須商店街の皆様
和田麻里子
yocö
編集：荻原 崇

浅田真央 **オフィシャルフォトエッセイ**
また、この場所で

2018年5月7日　第1刷発行

発行人　鈴木晴彦
編集人　増田真晃
発行所　株式会社集英社
〒101-8050　東京都千代田区一ツ橋2-5-10
電話：編集部 03-3230-6371
販売部 03-3230-6393（書店専用）
読者係 03-3230-6080
印刷・製本　凸版印刷株式会社

ISBN978-4-08-780841-4　C0075